Josi

Mila

Kilian

Der Galileo - Forscherclub

...wurde von Mila, Kilian und Josi gegründet, weil sie sich für alles rund um Mathe, Technik und Naturwissenschaften interessieren, ihnen der Schulstoff aber nicht weit genug ging. So haben sie beschlossen, selbst nachzuforschen und zu ihren Ergebnissen spannende Erklärvideos zu drehen und im Internet zu veröffentlichen.

Mila ist 10 Jahre alt und sehr willensstark, klug und sportlich. Sie hat vor nichts Angst, knackende Geräusche in der Dunkelheit wecken höchstens ihren Forscherdrang.

Kilian ist 9 Jahre alt. Er ist ein Witzbold, der immer einen lustigen Spruch auf den Lippen hat. Ungerechtigkeit allerdings macht ihn so richtig wütend.

Josi ist ebenfalls 9 Jahre alt und die Kleinste der Drei. Sie sieht sich als Forscherin, weniger als Abenteurerin. Durch ihr ungeheures Wissen hat sie das große Talent, verborgene Zusammenhänge zu erkennen.

Inhalt

© 2022 Ullmann Medien GmbH, Rheinbreitbach
Autor: THiLO
Illustrationen: Javier G. Ratti
Satz: Barbara Reiser
Projektleitung: Silke Schneider
Covergestaltung: Beate Lennartz

Gesamtherstellung: Ullmann Medien GmbH,
Rolandsecker Weg 30, 53619 Rheinbreitbach

10 9 8 7 6 5 4 3 2 1

ISBN 978-3-7415-2649-7

www.ullmannmedien.com

© 2022 Seven.One Entertainment Group GmbH
Lizenz durch Seven.One Licensing

www.sevenonelicensing.com

THiLO   J. G. Ratti

Galileo-Forscherclub

Galileo
SCIENCE

Das **Rätsel** der Dinosaurier-Knochen

ULLMANN

Kapitel 1

Dinosaurier im Garten

„Wir haben einen!", rief Mila aufgeregt ins Handy. „Endlich hat sich jemand gemeldet!"

Wenige Minuten später kamen Kilian und Josi auf ihren Fahrrädern zum Haus von Milas Eltern gerast. Auch die anderen beiden Mitglieder des Galileo-Forscherclubs machten vor Freude Luftsprünge.

Schon vor zwei Wochen hatten sie die Anzeige im Internet geschaltet:

Forscherclub sucht Wohnwagen als Hauptquartier

Wir – Josi, Mila und Kilian – sind der Galileo-Forscherclub. Wir interessieren uns für alles, was mit Mathematik, Informatik, Naturwissenschaften und Technik zu tun hat. In unserem Blog schreiben wir darüber. Über besonders spannende Themen drehen wir sogar Filme für unseren eigenen Videokanal. Das können wir nicht mehr im Kinderzimmer machen. Deshalb:

Wer hat einen alten Wohnwagen für uns?

Doch tagelang war Milas Postfach leer geblieben.

„Nach der Schule habe ich wie immer sofort meine E-Mails gecheckt", berichtete Mila. „Und heute: Volltreffer! Herr Mause bringt den Wohnwagen sogar gleich vorbei."

Die Fotos, die Herr Mause geschickt hatte, gefielen allen. Der Wohnwagen war alt, aber sehr gemütlich.

„Jetzt brauchen wir nur noch den richtigen Standort", erinnerte Josi sie. Eilig liefen die drei in den riesigen Garten hinter dem Haus. Manche Nachbarn meinten, er wäre ungepflegt, weil überall Büsche und Pflanzen wucherten. Milas Eltern aber nannten ihn „verwunschen wie im Märchen". Hier durften sie den Wohnwagen hinstellen. Als die Freunde die besten Plätze dafür checkten, sprang ihnen ein Eichhörnchen entgegen.

„Freddy!", kreischte Josi wie ein Fan beim Rockkonzert.

Sie griff in die Brusttasche ihrer Latzhose und kramte eine Nuss hervor. So bestochen, kletterte Freddy an ihr hoch und holte sich das Leckerli.

„Hier ist der beste Platz", fand Kilian
und rüttelte an einem alten Zaunpfahl.
Unter dem großen Kirschbaum moderte
er vor sich hin.

„Gute Idee", rief Mila.

Kilian verzog angestrengt das Gesicht.

„Nur... der... Pfosten steht noch...
im Weg", keuchte er hervor.

„Helft mir mal!"

Als alle drei an dem langen Holzpfahl zogen, ploppte er schließlich aus dem Boden. In diesem Moment passierten zwei Dinge gleichzeitig: Vor dem Gartentor hupte Herr Mause ...

Und aus dem Boden ragte ein dicker, meterlanger grau-weißer Stab – eindeutig ein Knochen. Kilians Herz blieb beinahe stehen. Der Knochen konnte nur von einem Dinosaurier stammen!

Kapitel 2

Kein Platz für den Wohnwagen

Mit offenen Mündern starrten Kilian, Mila und Josi den Knochen an. Wie in einem Gruselfilm steckte er in der Erde. Auch Freddy wunderte sich. Neugierig schnüffelte er an dem Fund herum.

„Ist ... ist hier eine Leiche vergraben ...?", würgte Josi schließlich hervor.

Kilian nickte.

„Ja, aber der Mord ist vor 70 Millionen Jahren verübt worden – mindestens", war er sich sicher. „So lange Knochen hat kein Mensch und auch kein Tier, das heutzutage noch über die Erde wandert."

Mila nickte. Dann nickte sie wieder …
und noch ein drittes Mal. Bevor sie ein
viertes Mal nicken konnte, rannte sie ins
Haus. Nur drei Komma zwölf Sekunden
später stand sie wieder neben ihren
Freunden. Mit der Kamera in der Hand.

„Dinosaurier im Garten, Szene 1", sagte
Mila wie ein Profi.

„Kilian und Josi, ihr habt den Dinoknochen gefunden. Was ging euch da durch
den Kopf?", wollte Mila wissen.

„Zuerst hab ich einen Riesenschreck
bekommen", gestand Josi ehrlich.

„Aber dann wusste ich sofort: Das ist
wieder mal ein spannender Fall für den
Galileo-Forscherclub."

Die Kamera schwenkte auf Kilian.

„Ich hab gleich gedacht: Solche Funde muss man melden", sagte Kilian mit hochrotem Kopf. „Vielleicht liegt hier unter unseren Füßen eine unbekannte Dinosaurierart? Die könnte man dann Kilianosaurus nennen!"

Sofort holte er sein Handy aus der Tasche und durchsuchte das Internet. Schließlich rief er das Naturkunde-museum an.

„Hallo, hier ist Kilian!", stellte er sich vor, während Mila ihn noch immer filmte.

„Wir haben einen Dinoknochen in unserem Garten gefunden. Können Sie einen Experten vorbeischicken?"

Kilian musste die Geschichte insgesamt dreimal erzählen, dann legte er auf. „Sie schicken einen Paläontologen", erklärte er den anderen beiden – und ihren Zuschauern. „Das ist ein Experte für Lebewesen der Vergangenheit. Wenn wir unseren Wohnwagen schon hätten, dann könnten wir ..."

Erschrocken ließ Mila die Kamera sinken. „Mist! Der Wohnwagen!", rief sie. „Den hab ich ja ganz vergessen. Hoffentlich

ist Herr Mause nicht schon wieder nach Hause gefahren!"

Zum Glück war Herr Mause sehr geduldig. Doch den Wohnwagen konnten sie trotzdem nicht in den Garten ziehen. Da war einfach kein Platz mehr.

Der Paläontologe stellte sich als eine Paläontologin heraus. Und die brachte ihr gesamtes Team mit. Nur eine Viertelstunde nach Kilians Anruf wimmelte es im Garten von Milas Eltern nur so von Menschen.

Kapitel 3

Suche im Quadrat

Kaum waren die Leute vom Museum angekommen, trampelte auch schon ein Dutzend Wissenschaftler durch den Garten. Sie trugen Kisten und schwere Taschen hinter das Haus von Milas

Eltern. Außerdem lange Stangen, wie Kilian sie schon einmal bei Landvermessern gesehen hatte.

„Hallo, ich bin Miriam Dräger, die Paläontologin", stellte sich schließlich eine Frau mit Zopf vor.

„Oh ...", stammelte Kilian. „Sie sind ja so ... so jung!

Die Frau lachte. „Wir Paläontologen suchen nur nach alten Sachen, wir sind nicht selber alt."

Kilian wurde rot.

„Dann zeigt mir doch mal, wo ihr den Knochen gefunden habt", rettete Miriam Dräger ihn.

Josi und Mila liefen mit ihr in den Garten. Sogar Herr Mause kam mit.

Auch er war noch nie bei einer Dinosaurierausgrabung dabei gewesen.

Kilian filmte alles.

Als Miriam Dräger den Knochen sah, pfiff sie durch die Zähne.

„Donnerwetter!", sagte sie begeistert.

„Das ist ja wirklich ein außergewöhnlicher Fund ... ein Unterschenkel, soviel ich bereits sagen kann."

Mila wollte ihn noch ein Stück aus der Erde ziehen, doch die Paläontologin bremste sie.

„Stopp!", bat sie. „Wer weiß, was hier noch alles in der Erde liegt. Wir wollen doch nichts kaputt trampeln. Vielleicht ist das ein richtiges Bonebed."

Josi hielt den Kopf schief.

„Bonebed?", fragte sie und gruselte sich schon wieder. „Heißt das übersetzt nicht ... ‚Knochenbett'?"

Miriam Dräger lachte.

„Ja, oder Knochenlager", erklärte sie.

„Aber keine Sorge, hier schläft niemand.

Bonebed nennen wir eine Schicht in der

Erde, in der eine große Ansammlung

versteinerter Knochen, Schuppen und Zähnen von Reptilien und Wirbeltieren zu finden ist."

Josi nickte erleichtert. „Und die Funde nennt man dann Fossilien, oder?", fragte sie.

Die Paläontologin nickte ebenfalls. „Richtig, Josi", lobte sie. „Weil in einem Bonebed häufig verschiedene Dinosaurier liegen, müssen wir festhalten, wo genau wir welchen Knochen gefunden haben. Deshalb teilen wir die Grabungsstätte zu allererst in Quadrate auf."

Kilian konnte kaum weiterfilmen, so spannend fand er die Arbeit der Forscher.

Vorsichtig, um ja nichts zu zerstören, spannten sie unter dem Kirschbaum mehrere Seile: zehn längs, zehn quer. So markierten sie insgesamt einhundert Quadrate! Einer der Helfer hängte an jedes Seilquadrat ein kleines Schild. Auf dem ersten vorne links stand: A1. Daneben kam A2, dann A3. Und so weiter. Die Reihe dahinter begann mit B1.

„Echt schlau", fand Mila.

Josi aber brachte noch immer kaum ein Wort heraus.

„Hier durch euren Garten sind also irgendwann mal Dinosaurier gelaufen", murmelte sie. „Ist doch irgendwie gruselig, oder?"

Kapitel 4

Das Rätsel wird noch größer

Während sich Miriam Drägers Team beriet, flitzte Mila noch einmal ins Haus. Diesmal kehrte sie mit dem Schlüssel zur Gartenhütte zurück.

„Meine Eltern haben auch Spaten und Spitzhacken", wollte sie der Paläontologin zurufen. Doch da sah sie, mit welchen Werkzeugen die Helfer loslegten: mit Löffeln, Maurerkellen und Pinseln.

„Puh, das dauert ja ewig!", schnaufte
Mila und ließ ihre Hacke fallen.
Ein junger Mann neben ihr lachte. Auf
seinem Namensschild stand Erik.

„Klar, als Paläontologe braucht man Geduld", erklärte Erik. „Ich studiere Geologie, das ist die Wissenschaft von der Entstehung der Erde und ihrer Entwicklung. Außerdem Biologie, denn ich will einfach alles über Tiere lernen. Aber Geduld musst man sich schon selbst beibringen."

Mit seinem Pinsel befreite Erik den Dinoknochen von Erdklumpen.

„Darf ich auch mal?", fragte Kilian mutig. Erik nickte. „Aber denk dran: Nur mit der Ruhe", erinnerte er den neuen Helfer. „Die Dinosaurier sind vor 65 Millionen Jahren ausgestorben, so lange liegt der Knochen also schon hier.

Auf ein paar Minuten mehr oder
weniger kommt es deshalb jetzt auch
nicht mehr an."

Kilian gab sich alle Mühe. Die Forscher
hatten so viel von diesem besonderen
Fund gesprochen. Jetzt traute er sich
kaum noch, den Knochen zu berühren.

Mila und Josi durften auch bei der Grabung mitmachen. Vorsichtig schälten sie die Grasnarbe in einer dünnen Schicht vom Boden ab. Die Stücke wurden zur genauen Untersuchung in flachen Wannen gesammelt. Zwei Studentinnen siebten die Erde, damit ihnen auch nicht der kleineste Knochen entwischte. Bald war das gesamte Bonebed vom Gras befreit. „Da schimmert was!", brüllte Josi plötzlich durch den Garten. Alle machten Platz. Das war ein Fall für die Chefin.

Miriam Dräger kniete sich an die Stelle, die Josi ihr zeigte. Mit einem Löffel schabte sie die Erde rundherum weg. Gebannt hielten alle Helfer den Atem an ... Und Stück für Stück legte die Paläontologin einen zweiten Knochen frei!

Schließlich zog sie ihn vorsichtig aus der krümeligen Erde.

„Das gibt's doch nicht!", rief sie nach einem kurzen Blick auf ihren Fund.

„Ist der etwa nicht echt?", wollte Kilian wissen.

„Oder ... oder in zu miserablem Zustand?", fragte Mila hinterher.

Doch Miriam Dräger schüttelte den Kopf.

„Ganz im Gegenteil", murmelte sie
verwirrt. „Er ist echt und sein Zustand
ist hervorragend. Als hätte dieser
Dinosaurier noch vor einem Jahr
gelebt ..."

Kapitel 5

Ein lebendes Fossil?

Kilian, Mila, Josi, Erik und alle Helfer starrten die Paläontologin an. Hatte sie das gerade wirklich gesagt?

Mila riss sich zusammen und hob mit zittrigen Händen ihre Kamera.

„Sie meinen, es gibt noch immer Dinosaurier?", fragte sie ungläubig nach.

„Und einer von ihnen ist hier in unserem Garten gestorben?"

Miriam Dräger betrachtete den Knochen von allen Seiten, bevor sie antwortete.

„Nein, das ist natürlich Blödsinn", sagte sie dann. „Es gibt sogenannte lebende Fossilien, das sind Tiere, die sich seit der Kreidezeit nicht verändert haben."

Erik nickte. „Der Quastenflosser zum Beispiel", fuhr er fort zu erklären. „Auch Krokodile gibt es schon ewig. Aber richtige Dinosaurier haben nicht bis heute überlebt. Oder etwa doch ...?"
Die Paläontologin legte den Knochen in eine Kiste, die mit Watte ausgeschlagen war.

Erdmittelalter
Mesozoikum

„Nein", antwortete sie. „Es muss also einen anderen Grund für den guten Zustand der Knochen geben. Und in meinem Labor werde ich die Erklärung dafür finden."

Mit dem Transporter fuhr die Wissenschaftlerin zum Naturkundemuseum. Hier befand sich auch ihr Labor. Kilian, Mila und Josi durften mit – schließlich waren sie die Finder dieser Sensation. Während Miriam Dräger alles vorbereitete, schauten sich die drei Freunde im Museum um.

„Me-so-zo-i-kum", las Kilian das Schild am Eingang des größten Saales. Zum Glück stand die Übersetzung gleich darüber. „Ah, Erdmittelalter, das verstehe ich besser."

Zeitabschnitte des Erdmittelalters:

Trias

Jura

Kreide

Ein großes Wandbild erklärte die einzelnen Zeitabschnitte des Erdmittelalters: Trias, Jura und Kreide.

„Am Ende der Kreidezeit sind die Dinosaurier ausgestorben", las Josi vor. „Oder doch nicht ...?"

Kilian zuckte mit den Schultern.

Die Antwort auf diese Frage würde ihnen die Paläontologin hoffentlich gleich geben können. Als der Galileo-Forscherclub in den Raum der Kreidezeit trat, bekam auch Kilian eine Gänsehaut. Hier waren nicht nur Skelette ausgestellt. Das Museum hatte einige Dinosaurier aus Gummi nachgebaut.

Kilian erkannte einen Triceratops, einen Ankylosaurus und eine Gruppe Iguanodons.

Hatte einer von ihnen sich noch vor Kurzem in Milas Garten aufgehalten? Vielleicht sogar der Tyrannosaurus Rex, dem er gerade gegenüberstand?

„Ich habe 'ne Idee!", verkündete Kilian lachend. „Wir tun so, als würde Rexi hier leben. Mila, du stellst dich vor ihn und kreischst!"

Mila stöhnte: „Was tut man nicht alles für seine Zuschauer!"

Triceratops

Ankylosaurus

Kilian hob die Kamera und rief laut:
„Buh!"
Doch dann schreckte er selbst
zusammen. Der Tyrannosaurus Rex
hinter ihm brüllte ausgehungert los.

Kapitel 6

Noch mehr Rätsel

„Freddy!", schimpfte Josi mit dem
Eichhörnchen. „Du solltest doch
nichts anfassen! Schon gar nicht den
Knopf, der das Dino-Gebrüll startet!"
Vor Scham verkroch Freddy sich in
Josis Latzhosen-Brusttasche.
Kilian und Mila hockten auf dem
Boden des Saals – mit blass-grünen
Gesichtern.
Erst als Miriam Dräger sie rief, kamen
die beiden wieder auf die Beine.

Im Labor der Paläontologin lag der Knochen aus Milas Garten bereits unter dem Mikroskop.

„Nichts!", murmelte Miriam Dräger und schüttelte den Kopf. „Normalerweise entferne ich unter dem Mikroskop mit einer Nadel winzig kleine Gesteinsreste vom Knochen. Aber hier gibt es nichts mehr zu tun."

Neugierig betrachtete
Kilian die anderen Werkzeuge der
Wissenschaftlerin. Eines davon sah aus
wie ein Zahnbohrer. Bei dem Gedanken
an seinen Zahnarzt schüttelte sich
Kilian fast noch mehr als vorhin beim
Gebrüll des Tyrannosaurus.

„In dem Becken dort drüben ist Säure, die nur Gestein auflöst, die Knochen aber nicht angreift", erklärte die Paläontologin. „Aber auch das ist bei diesem Exemplar nicht mehr nötig."

Mila holte tief Luft. „Ich wette, Sie haben schon eine Theorie, oder?", vermutete sie.

Miriam Dräger überlegte einen Moment. Dann nickte sie.

„Die Erklärung ist so einfach, dass ich lange nicht darauf gekommen bin", gestand sie. „Das Skelett wurde bereits von anderen Paläontologen präpariert."
Mila, Josi und Kilian brauchten einen Moment, um die Worte der Wissenschaftlerin zu verstehen.
„Okay …", murmelte Josi. „Aber warum wurde es dann bei Mila im Garten vergraben?"
Die Paläontologin zuckte mit den Schultern.
„Das ist, ehrlich gesagt, das größte Rätsel, das mir ein Skelett jemals gestellt hat."

Kapitel 7

Paläontologie ist eine Zeitreise

Als die drei Mitglieder des Galileo-
Forscherclubs wieder bei Mila eintrafen,
waren die Grabungen schon weit fort-
geschritten.

Erik hatte bereits mit seiner Chefin telefoniert. Auch er glaubte mittlerweile, dass der Dinosaurier nicht hier gestorben war. Jemand hatte das Skelett in diesem Garten vergraben. Trotzdem präsentierte er Kilian, Mila und Josi ihre weiteren Funde.

„Der Schädel hier war das letzte Puzzlestück", erzählte er. „Jetzt sind wir ganz sicher: Der Besucher in eurem Garten war ein Tyrannosaurus Rex!"

Josi betrachtete den Schädel ganz genau. Im Unter- und im Oberkiefer steckte eine lange Reihe spitzer Zähne.

„Findet ihr immer so perfekte Skelette?", wollte Josi wissen.

Erik schüttelte den Kopf. „Nein",
antwortete er. „Eigentlich nie. Von vielen
Arten wurden bis heute nur einzelne
Knochen ausgegraben. Viel häufiger
finden wir Spuren oder Trittsiegel, also
einzelne Abdrücke. Die verraten uns
auch eine ganze Menge, zum Beispiel,
ob eine Art in Herden lebte oder eher
als Einzelgänger."
Kilian schlug mit der rechten Faust in
seine linke Hand.
„Aber sie verraten nicht, wie ein voll-
ständiges, gesäubertes Tyrannosaurus-
Skelett hier unter den Kirschbaum
kommt", rief er ungeduldig.
Erik grinste.

„Vielleicht doch", sagte er geheimnisvoll.
Dann führte er die drei Freunde zu dem
Tisch, auf dem die Erde gesiebt wurde.
„Diese Münze haben wir zwischen den
Knochen gefunden. Sie wurde 1999
geprägt. Außerdem eine Coca-Cola-Dose,
haltbar bis März 2003."
Kilian pfiff durch die Zähne.

„Das heißt, vor 1999 kann Rexi hier nicht verbuddelt worden sein", kombinierte er. „Und auch nicht nach 2003 – es sei denn, der Täter mochte verdorbene Cola."

Mila stieß geräuschvoll die Luft aus.

„Dann stehen meine Eltern nicht unter Verdacht!", sagte sie erleichtert. „Wir haben das Haus erst 2005 gekauft. Da war bereits wieder dichtes Gras über die Dinoknochen gewachsen."

Josi biss sich auf die Unterlippe und dachte nach. „Die Paläontologie lässt uns also wirklich einen Blick in die Vergangenheit werfen", sagte sie dann. „Und ich kenne noch eine andere Zeit-maschine. Kommt mit!"

Kapitel 8

Der Preis ist uns sicher!

Im ersten Moment war Kilian enttäuscht. Er hatte sich schon auf einer Reise quer durch die Zeiten – in einer Art UFO – gesehen. Nach den Dinosauriern wollte er die Ritter besuchen, anschließend die Wikinger und als Nächstes dann die Zukunft. Doch Josi führte ihn und Mila in die Buchhandlung ihrer Mutter. Im Hinterzimmer hockte sie sich vor ihrem Lieblingssessel auf den Boden.

„Bücher sind nämlich auch Zeitma-
schinen", sagte sie stolz. „In ihnen
kannst du lesen, was Menschen
gedacht haben, die schon seit Jahr-
hunderten tot sind."
Noch bevor ihre Freunde fragen
konnten, zog Josi hinter sich ein
dickes Buch aus dem Regal. Es hieß:
Ungeklärte Verbrechen unseres Jahr-
tausends.

„Das habe ich letzte Woche durchgeblät-
tert und mich eben an einen besonders
rätselhaften Raub erinnert", erklärte sie
weiter.
Als sie endlich die Doppelseite fand,
legte Josi das Buch aufgeschlagen auf
den Teppich.

Staunend lasen Kilian und Mila von dem
Fall: Im Jahr 2002 war in München das
weltweit besterhaltene Skelett eines
Tyrannosaurus Rex gestohlen worden
und nie wieder aufgetaucht.
Bis heute …
„Wow!", staunte Kilian. „Da haben wir ja
einen doppelten Schatz gefunden!"
Mila klemmte sich gleich ans Telefon und
rief die Polizei an. In den folgenden Tagen
überschlugen sich die Ereignisse …
Die Spucke an der Cola-Dose über-
führte schließlich den Museumsräuber.
Die Kripo hatte ihn von Anfang an unter
Verdacht. Deshalb hatte er sich auch
nicht getraut, seine Beute wieder aus-
zugraben. Eine Woche nach dem Fund
wurde er in Holland festgenommen.

All das nahm der Galileo-Forscherclub für seinen Videokanal auf. Miriam
Dräger sprach sogar noch eine Einlei-
tung. Und dann war es endlich soweit:
Josi lud den Film in ihrem Kanal hoch.
Weil alle Zeitungen von dem Fund
berichteten, klickten viele Tausende
Neugierige und Interessierte den Dino-
saurierfilm an.

„Wahnsinn, wir sind berühmt!", staunte
Kilian, als die Freunde eine Woche
später ihr neues Hauptquartier einrich-
teten. Zusammen mit Milas Eltern
hatten sie den Wohnwagen endlich in
den Garten gezogen.
Und Josi hatte noch eine tolle Nachricht.

„Ich habe den Film bei einem Wettbe-
werb eingereicht", verkündete sie strah-
lend. „Erster Preis ist ein Superteleskop,
mit dem man unendlich weit ins Weltall
blicken kann."

Kilian ballte seine rechte Hand zur Faust und war sich sicher: „Den Preis gewinnen wir!"
Milas Vater rollte mit den Augen.

„Aber tut mir einen Gefallen", bat er lachend. „Findet keinen neuen Stern oder sowas. Noch einmal so ein Getrampel in unserem Garten über- leben Mamas Rosen nicht!"
Mila zuckte mit den Schultern.
„Wer weiß ...", sagte sie geheimnisvoll.
„Was ein Forscherclub alles heraus- findet, kann man nie voraussagen ..."

Wissen für junge Forscher

Dino oder Saurier?

Je nachdem, wo ein Saurier lebte, nennen wir ihn unterschiedlich. Flugsaurier hielten sich – na klar – hauptsächlich in der Luft auf, Fischsaurier machten die Meere unsicher.

Spannend: Nur Saurier, die an
Land lebten, werden von Forschern
Dinosaurier genannt.

Wann lebten die Saurier?

Keine Sorge: Ein Tyrannosaurus wird dir heute nicht mehr über den Weg laufen. Dinosaurier sind nämlich schon lange ausgestorben. Sie lebten vor rund 100 Millionen Jahren. Die Zeit, in der die Saurier lebten, heißt Erdmittelalter.

Vor den Dinosauriern, im Erdaltertum,
gab es nur wenige Tiere. Elefanten,
Nilpferde und andere Säugetiere
entwickelten sich erst nach den Dinosauriern – in der Erdneuzeit.

Warum sind sie ausgestorben?

Manche Dinosaurier konnten so schnell laufen wie Autos fahren. Kein Wunder, dass sie nur wenige Feinde hatten. Warum die Saurier trotzdem ausgestorben sind, ist für Paläontologen noch immer ein Rätsel. Sie vermuten, dass vor 65 Millionen Jahren ein Meteorit

auf die Erde traf. Der Einschlag verursachte riesige Flutwellen und große Waldbrände. Diese Naturkatastrophen konnten auch die schnellsten Saurier nicht überleben. Leider ist heutzutage niemand mehr da, der uns davon erzählen könnte.

Der gefährlichste Saurier: Utahraptor

Trotz seiner verhältnismäßig kleinen Körpergröße gilt der Utahraptor als einer der gefährlichsten Saurier aller Zeiten. Mit einer rasiermesserscharfen, unterarmlangen Kralle an jedem Fuß

konnte er selbst große Dinos
erlegen. Der vogelähnliche Räuber
war noch dazu blitzschnell. Gegen
seine Geschwindigkeit hatten die
trägen Sauropoden keine Chance.

Der berühmteste Saurier: T-Rex

Tyrannosaurus Rex – auch bekannt als T-Rex – ist sicherlich der bekannteste Dinosaurier. Seinen Ruhm verdankt der riesenhafte Jäger zahlreichen Filmauftritten. Als Computeranimation wirkt

der T-Rex absolut furchterregend.
Sein enormer Kiefer mit über
15 Zentimeter langen Reißzähnen
zerfetzte zu Urzeiten jede Beute
in Sekunden.

Und heute?
Lebende Verwandte aus der Urzeit

Geschuppte Füße mit drei Zehen: So sahen nicht nur die Klauen des Tyrannosaurus Rex aus. Auch Hühnerfüße haben bis heute diese Form!

Wissenschaftler konnten durch den Aufbau der Knochen und eine Genanalyse nachweisen, dass Hühner tatsächlich mit den Dinosauriern verwandt sind. Krokodile und Alligatoren stammen ebenfalls von Dinosauriern ab.

Dino-Forscher

Der Mann, der den Dinos ihren Namen gab, war der Naturforscher Richard Owen. Er entdeckte 1841, dass Dinosaurierskelette ganz anders gebaut waren, als andere Wirbeltierskelette. Sie mussten also zu einer neuen Familie gehören.

Aufgrund ihrer Größe taufte er diese Familie „Dinosaurier" – das ist Lateinisch und heißt so viel wie „schreckliche Echsen".

Paläontologen

Paläontologen sind Forscher, die sich mit Lebewesen der Vergangenheit und ihrer Welt beschäftigen. Sie graben im Boden nach Knochen, Fußabdrücken und sogar nach Kot von Dinosauriern.

Daraus können sie erfahren, wie Dinosaurier gelebt haben. Die Knochen lassen erkennen, wie groß ein Dino war. Fußabdrücke zeigen, ob Dinos in Herden lebten, und der Kot verrät den Wissenschaftlern, wovon die Saurier sich ernährten ... Lecker!

Fleisch- oder Pflanzenfresser

Nicht alle Dinosaurier waren furchterregende Raubtiere. Im Gegenteil: Eine ganze Gruppe von Sauriern, die Sauropoden, waren Pflanzenfresser. Mithilfe ihrer langen Hälse konnten sie ganz

bequem die obersten, frischen Blätter von Bäumen und Farnen fressen. Zu den Sauropoden gehörten die größten Saurier der Welt. Der Argentinosaurus zum Beispiel war mit einer Länge von 30 Metern ein echter Gigant!

Pangäa

Während Dinosaurier über die Erde stampften, sah der Planet ganz anders aus als heute. Alle Kontinente waren miteinander verbunden. Sie bildeten den Riesenkontinent Pangäa.

Während sich die verschiedenen Dino-Arten entwickelten, brach Pangäa langsam auseinander. Die einzelnen Teile drifteten im Laufe von Millionen Jahren voneinander weg. So entstanden die Kontinente, wie wir sie heute kennen.

Pflanzen zur Dinozeit

Gräser und Blumen in der Dinozeit? Fehlanzeige! Damals gab es erst wenige Pflanzen. Nur Farne, karge Bäume und Büsche wuchsen auf der Erde.

Eine Pflanze aus der Urzeit hat bis heute überlebt: Der Ginkgobaum – er war die Lieblingsspeise der Sauropoden. Noch heute wächst er in Gärten und Parks.

Beckenknochen

Der Paläontologe Harry Govier Seeley fand 1887 ein besonderes Merkmal, mit dem sich Dinosaurier in zwei Gruppen unterscheiden ließen.

Der Hüftknochen ist – je nach Dino-Gruppe – verschieden geformt. Das Schambein der Echsenbeckensaurier steht leicht nach vorne. Ihre Hüfte sieht aus wie die eines Reptils. Bei den anderen steht das Schambein nach hinten. Ihre Hüfte erinnerte Seeley an die eines Vogels, deshalb nannte er sie die Vogelbeckensaurier.

Dinosaurier-Quiz

Hier ist etwas durcheinandergeraten. Kannst du die Dino-
sauriernamen wieder in die richtige Reihenfolge bringen?

- STOPCERTRIA   _ _ _ _ _ _ _ _ _ _ _ _
- TORPARUTAH   _ _ _ _ _ _ _ _ _ _
- LOPCSUDIDO   _ _ _ _ _ _ _ _ _ _
- SAGOSTEURUS   _ _ _ _ _ _ _ _ _ _ _

Kannst du diese Fragen richtig beantworten?
Die Buchstaben der richtigen Antworten ergeben ein
Lösungswort. Trage die Buchstaben in die Kästchen
am Schluss ein.

Wann lebten Dinosaurier und Menschen gleichzeitig?

- Am Ende der letzten Eiszeit - **B**
- Niemals - **M**
- Bis vor 10.000 Jahren - **K**

Womit beschäftigt sich ein Paläontologe?

- mit Lebewesen vergangener Zeiten - **E**
- Mit Lebewesen und Bauwerken früherer Zeit - **X**
- Nur mit Dinosauriern - **Z**

Welches Schreibwerkzeug bezeichnet auch eine Zeit der Erdgeschichte?

- Kuli - **U**
- Kreide - **T**
- Wachsmalstift - **I**

Was wird bei Ausgrabungen am häufigsten von Sauriern gefunden?

- einzelne Knochen - **E**
- Schädel mit allen Zähnen - **Ö**
- komplette Skelette - **L**

Wie hieß die riesige Landmasse, aus der alle Kontinente entstanden?

- Gigantä - **W**
- Pangäa - **O**
- Pandemiä - **Q**

Was bedeutet Dinosaurier?

- schreckliche Echse - **R**
- Niedliches Reptil - **P**
- Bissiger Riesenmolch - **D**

Was nennen Paläontologen Bone bed?

- eine Schicht im Boden mit vielen Fossilien - **I**
- Eine Wanne, in der Knochen gereinigt werden - **G**
- Ein gepolsterter Koffer zum Transport von Knochen - **C**

Was ist ein Erkennungszeichen des Tyrannosaurus Rex?

- die drei Hörner - **Ä**
- die kurzen Arme - **T**
- Die zehn Zehen an jeden Fuß - **Z**